LE GROS POISSON

Roman policier

Lecture en français facile

– niveau intermédiaire –

(à partir du niveau B2 du C.E.C.R)

Aide au vocabulaire à la fin de chaque chapitre

Vocabulaire thématique à la fin du livre

Du même auteur,
dans la même série :

La Chance du débutant
Une Simple Affaire de famille
Le Gros Poisson
Un patron qui en faisait trop

Chapitre 1

Julien Dulac, jeune lieutenant[1] de police, revient de vacances. Il est heureux de retrouver son commissariat[2]. En effet, son chef, le commissaire[3] Taillefer, l'a obligé à partir deux semaines. Mais aujourd'hui, Julien va reprendre ses enquêtes[4] et retrouver ses collègues. Aussi, il a un grand sourire.

Quand Julien entre dans les locaux[5] de la police, l'agent Sommard l'accueille :

– Content de vous revoir, inspecteur[6]. Quelle chance d'avoir eu des vacances ! Vous avez voyagé ? Vous êtes parti loin ?

– Chez ma mère, Sommard, deux semaines chez ma mère, répond Dulac sans s'arrêter.

L'inspecteur se rend[7] directement dans le bureau de Taillefer. Le commissaire est bref, comme d'habitude : « Asseyez-vous, lieutenant. J'ai quelque chose pour vous. Un petit travail, quelques vérifications à faire. Nous avons reçu une plainte. Très exactement, une plainte contre « x » pour vol et non-assistance à personne en danger[8]. »

Vol, non-assistance à personne en danger... pfff ! La dernière affaire du jeune inspecteur concernait toute une famille massacrée. Alors un vol !

Le commissaire voit tout :

– Vous êtes déçu, Dulac ? Il faut apprendre à cacher vos émotions.

– Commissaire, je…

– Laissez-moi continuer, lieutenant. Cette affaire est sans intérêt. Mais, je vous la confie pour une bonne raison : elle concerne la famille… enfin… une famille proche du ministre Chotard.

– Le ministre de l'intérieur, « notre » ministre ?

Taillefer explique alors plus en détail : « La plainte vient de madame Évain de Mazac, née Vandière de Labastut, conseillée par son avocat, maître Jules Garnier. »

Le commissaire fait une pause. Il reprend :

– Si vous vous intéressez à l'Histoire, vous connaissez peut-être le conseiller de Louis XIV, le géographe Labastut. De nos jours, on peut encore admirer ses cartes. C'était un scientifique et un véritable artiste ! Eh bien, c'est lui qui est à l'origine de cette famille.

Le nom de Labastut n'évoque rien à Julien. Mais il aime beaucoup les cartes de géographie et les globes terrestres. Quand il était enfant, on lui avait offert…

– Dulac ! Par pitié, ne prenez pas cet air idiot et arrêtez de sourire. Je vous parle sérieusement.

– Désolé, commissaire.

Taillefer continue son exposé : « Géraldine Vandière de Labastut est morte il y a deux mois, à l'âge de soixante-seize ans. Elle ne voyait plus sa famille. Informée tardivement du décès[9], sa sœur, madame de Mazac, trouve que les circonstances de cette disparition sont étranges. Et elle se demande où est passée la fortune de la défunte[10]. »

– Et vous, commissaire, qu'en pensez-vous ?

Taillefer répond sèchement : « Je pense que quelqu'un a déposé une plainte et que nous devons faire des vérifications. »

Julien ne bouge pas. Il n'est plus un débutant, il veut s'occuper d'une affaire compliquée. Il ne veut pas faire de simples vérifications. Rassurer une dame riche et puissante, ce n'est pas un travail intéressant :

– Pourquoi moi ? demande-t-il

– Parce que vous êtes poli et beau garçon. Vous ferez bonne impression à madame de Mazac, amie du ministre dont je dépends.

1) un lieutenant : *officier de police, ou militaire, dont le grade est juste au-dessous de capitaine.*
2) un commissariat : *bâtiment où sont installés les bureaux d'un commissaire de police.*
3) un commissaire : *officier de la police nationale qui s'occupe du maintien de l'ordre et de la sécurité et qui a sous ses ordres des inspecteurs et des agents de police.*
4) une enquête : *recherche de la vérité par l'écoute de témoins et la réunion d'informations et d'indices.*
5) un local, des locaux : *pièce, partie d'un bâtiment destiné à un usage particulier.*
6) un inspecteur : *fonctionnaire de police en civil qui travaille sous les ordres d'un commissaire.*
7) se rendre : *aller quelque part.*
8) la non-assistance à personne en danger : *ne pas porter secours à une personne qui risque de mourir.*
9) un décès : *mort d'une personne.*
10) un(e) défunt(e) : *une personne morte.*

Chapitre 2

Le lieutenant de police ne perd pas de temps. Il choisit deux agents[1] qu'il connaît bien : les brigadiers[2] Sommard et Béranger. Ensemble, ils prennent une voiture et sortent de la ville. Madame de Mazac attend leur visite.

Un haut mur entoure la propriété de l'amie du ministre. Sommard est au volant, il arrête le véhicule devant un immense portail en fer forgé[3]. Béranger descend de la voiture, sonne à l'interphone et annonce leur arrivée. Le grand portail s'ouvre.

Une longue allée, bordée de grands arbres magnifiques, les conduit à la demeure de madame de Mazac. C'est un très beau petit château. Un majordome[4] les accueille et conduit l'inspecteur dans un salon. Sommard est resté dans la voiture. Béranger attend à la porte. Dulac entre seul. Une dame âgée est assise au fond de la pièce. Elle est toute petite et menue, mais elle se tient très droit et donne une impression de force. Une magnifique chevelure blanche orne[5] sa tête. Ses yeux sont d'un bleu intense. Elle est élégamment vêtue, habillée de noir. À côté d'elle, se tient un homme d'une cinquantaine d'années. Il est élégant lui aussi, grand, avec des cheveux gris, un peu longs et soignés. L'inspecteur se présente, il salue Suzanne de Mazac et son avocat, maître Garnier. La petite dame entre dans le vif du sujet :

— Inspecteur, comme vous pouvez l'imaginer, je suis très peinée par la mort de ma sœur. Mais je suis également inquiète. Quelque chose ne va pas.

– Si vous le permettez, répond Julien, nous allons procéder par ordre. Comment avez-vous appris le décès de madame votre sœur ?

– Je n'avais plus vu Géraldine depuis des années. Elle s'est éloignée de notre famille il y a bien longtemps. Je regrette à présent d'avoir laissé s'installer cette distance. Mais enfin… J'ai donc appris sa mort par un tiers[6].

– Qui vous a prévenu ?

– Un ami à elle. Un antiquaire[7] et marchand d'art, monsieur Christian Hermier. Lui-même n'a pas assisté aux obsèques de ma sœur. Il a appris son décès car il était inquiet et s'est renseigné.

Julien n'écoute plus madame de Mazac. Il est fasciné par le bleu turquoise de ses yeux. Cette dame est triste et inquiète, mais elle est digne. C'est une très belle dame âgée. Soudain, l'avocat, à côté d'elle, prend la parole :

– Madame de Labastut était très riche, immensément riche. Qui hérite[8] de sa fortune ? Pourquoi sa famille n'a pas été prévenue à temps du décès ? Et puis, son corps n'a pas été enterré[9], il a été incinéré[10]. Cela est étrange.

Brusquement, madame de Mazac se lève :

– Plus qu'étrange ! Dans notre famille, les Benoist de Vandière de Labastut, l'incinération[11] ne se fait pas !

Julien prend congé et se retrouve dans la voiture avec les deux policiers. Sommard est de bonne humeur :

– Alors inspecteur, on a pris le thé chez la comtesse ?

– Pas encore ! Mais peut-être une autre fois, qui sait ? Nous reviendrons certainement. Quelque chose n'est pas clair.

– Vous plaisantez, inspecteur. C'est l'histoire d'une dame âgée qui meurt ; et de sa sœur, encore plus âgée, qui s'inquiète pour elle… un peu tard !

– La vie n'est pas si simple, Sommard.

1) un agent : *(ici) policier ; (en général) personne employée par les services publiques ou par des entreprises.*

2) un brigadier : *policier ou militaire ayant le grade le moins élevé.*

3) un portail en fer forgé : *grande porte à l'entrée d'un jardin ou d'un parc, en métal travaillé avec art.*

4) un majordome : *maître d'hôtel ou intendant chez un riche particulier.*

5) orner : *embellir.*

6) un tiers : *(ici) personne étrangère à un groupe, à une famille.*

7) un antiquaire : *marchand de meubles et d'objets anciens.*

8) hériter : *recevoir un bien transmis par une personne qui vient de mourir.*

9) enterré : *déposé dans la terre, dans une sépulture, inhumé.*

10) incinéré : *détruit par le feu et réduit en cendres.*

11) une incinération : *action de réduire en cendres.*

Chapitre 3

Le lendemain matin, l'inspecteur Dulac commence véritablement son enquête. Il décide de voir l'ami antiquaire de madame de Labastut. C'est lui qui a prévenu la famille. Sans lui, madame de Mazac ne saurait même pas que sa sœur est morte ! Julien se rend directement à sa boutique, seul, sans ses agents.

Le magasin d'antiquité se trouve dans une rue chic[1] du centre-ville. L'endroit rassemble des trésors. On y trouve de très belles peintures et des meubles anciens d'un goût exquis[2]. Un éclairage discret met en valeur de très beaux objets : sculptures, lampes, horloges,...
Au fond du local, se trouve un homme un peu fort[3], sans être vraiment gros. Brun, le visage rond, il a un style un peu ancien. C'est le marchand d'art Christian Hermier.

D'abord, l'antiquaire semble hésiter, puis il accueille l'inspecteur avec une politesse excessive. Alors, Julien commence son interrogatoire :
– Comment avez-vous connu madame de Labastut ?
– Par mon travail. Quand Géraldine avait besoin d'argent, elle vendait un tableau ou un objet précieux. Je servais d'intermédiaire[4]. J'ai vendu beaucoup de choses pour elle.
– Qui vous a appris sa mort ?
– Je suis allé à son domicile[5]. Je m'inquiétais de ne plus la voir. Sur place, on m'a renseigné.
– Qui exactement vous a renseigné ?

– La personne qui s'occupait d'elle, madame Bernard.

Le marchand d'art explique en détail : « Géraldine de Labastut ne menait pas une vie ordinaire. Pour vous faire comprendre, je suis obligé de remonter le temps et de vous parler de son père. »

L'homme fait une pause. Il semble mettre de l'ordre dans ses idées :

– Monsieur Etienne Benoist de Vandière de Labastut était veuf[6]. Il avait une immense fortune. Il adorait ses deux filles : Suzanne, l'aînée, et Géraldine, la plus jeune. Mais Géraldine était sa préférée.

Hermier se lève, il transpire. Il parle avec effort :

– Bref, Géraldine était une enfant très gâtée[7]. Jeune fille, elle était très libre. Elle était différente des femmes de sa famille. Elle avait confiance en elle et avait beaucoup de succès. Puis, son père est mort. Elle a hérité de la moitié de sa fortune. Elle a continué à vivre très librement. Et surtout, elle ne voulait pas se marier ; cela choquait son entourage. Ensuite, elle a rencontré Michel Lacaze. Ils ont vécu ensemble, sans se marier. Toute la famille était fâchée[8].

– Sa sœur ne lui parlait plus ? Elle était choquée, elle aussi ?

– Oui, chez les Benoist de Vandière de Labastut, on ne vit pas en union libre[9].

Julien veut comprendre : « Comment vivait le couple ? » Le marchand d'art explique :

– Géraldine et Michel n'avaient pas besoin de travailler. Quand ils avaient besoin d'argent, ils vendaient un tableau ou des objets de valeur. Ils passaient leur temps dans les grands hôtels de la Côte d'Azur.

– Et lui, il est mort ?

– Michel ? Oui, il y a une quinzaine d'années. Géraldine a continué à vivre dans les grands hôtels, seule ; c'est à cette époque que je l'ai connue.

L'interrogatoire est terminé. Avant de partir, Julien demande :

– Monsieur Hermier, pourquoi êtes-vous inquiet ?

– Six mois avant sa mort, mon amie est venue me voir. Elle était transformée : elle était très maigre, très faible, et semblait effrayée[10]. Deux personnes l'attendaient à l'extérieur de ma boutique : un homme et une femme. Je crois que cette femme était madame Bernard. J'ai eu une très mauvaise impression, mais je ne pouvais rien faire. Monsieur l'inspecteur, quelque chose n'est pas normal.

1) chic : *élégant(e)*.
2) exquis(e) : *très bon.*
3) fort : *(ici) corpulent, gros.*
4) un intermédiaire : *personne qui met en relation deux personnes ou deux groupes de personnes.*
5) un domicile : *lieu où l'on habite.*
6) veuf, veuve : *personne dont le mari ou la femme est mort.*
7) gâté(e) : *comblé de cadeaux, d'attentions, de gentillesse.*
8) fâché(e) : *irrité, mécontent.*
9) une union libre : *union de deux personnes hors mariage.*
10) effrayé(e) : *qui éprouve une grande peur.*

Chapitre 4

L'après-midi, Julien s'entoure[1] de ses deux agents. Les trois policiers vont ensemble dans un quartier tranquille à l'écart du centre-ville. Quand ils approchent de la maison de madame Bernard, un gros chien aboie. Une dame blonde sort.

Magali Bernard n'est plus très jeune mais elle est grande et forte. Elle porte une abondante chevelure[2]. On dirait une lionne[3]. Ses yeux sont d'un bleu très clair. Ses lèvres sont fines et sa bouche est pincée, elle ne sourit pas. Elle s'avance lentement vers les policiers. Elle pose sur eux un regard dur, mais elle est très polie :

– Je vous en prie, messieurs, entrez.

Les trois hommes sont étonnés : l'intérieur de la maison est dans un très grand désordre[4]. Tout est sale. Ça ne sent pas très bon. La propriétaire fait asseoir les policiers dans un salon encombré[5]. Il y a des papiers partout.

La « lionne » est très calme :

– Je suis surprise de votre visite, dit-elle. Y-a-t-il un problème ?

L'inspecteur Dulac commence son interrogatoire :

– Vous êtes bien Magali Bernard ?

– D'après vous ?

Julien insiste :

– Répondez simplement aux questions. Êtes-vous Magali Bernard ?

– Je suis Magali Bernard pour l'administration. Dans mon métier, je suis Zoé de Cyan.

Julien ne manifeste aucune réaction :

– Et quel est votre métier ?

– Artiste peintre[6].

Il y a toutes sortes de choses dans la pièce mais aucun matériel de peinture. L'inspecteur continue son interrogatoire :

– Savez-vous pourquoi nous sommes là ? demande-t-il.

– C'est à vous de me le dire.

– Nous sommes ici car votre maison est le dernier domicile de madame Géraldine Vandière de Labastut, morte le 25 avril de cette année.

L'artiste peintre s'installe plus profondément dans son fauteuil et dit : « Oh ! Ce n'est que ça ! Oui, j'ai recueilli une vieille amie. Elle était dans la misère[7]. Pendant des années, je me suis occupée d'elle. Elle est morte. En quoi cela intéresse-t-il la police ? »

– De quoi est-elle morte ?

– De vieillesse.

– Vous parlez à la police, ne l'oubliez pas. Quand quelqu'un meurt, un médecin légiste vient constater le décès, il fait un certificat, il...

– Oui, oui ! Eh bien, si vous savez tout, pourquoi poser des questions ? Je ne me souviens plus, moi ! Les vieux ont toujours plusieurs maladies ! Quelle importance ?

Le lieutenant Dulac sort de sa poche un papier, il insiste :

– Ceci est un document officiel, signé par le médecin légiste[8], le docteur Lebrun. La cause du décès est indiquée. Il s'agit de la gangrène[9].

Julien répète : « Madame de Labastut est morte de la gangrène. On ne meurt plus de la gangrène en France depuis des siècles ! »

Peu après, Dulac, Béranger et Sommard sortent de cette horrible maison. Ils apprécient de respirer l'air pur. Les trois policiers ne parlent pas. Ils ont une impression désagréable : cette femme est une menteuse, elle n'a pas recueilli[10] une amie « dans la misère » ! De plus, elle n'a aucune compassion pour la mort de madame de Labastut. Elle semble même être très méchante.

Julien est triste pour la vieille dame : dans quelles conditions a-t-elle vécu ici ? Comment a-t-elle été traitée ? Sans un mot, les policiers reprennent leur voiture. En démarrant, Sommard dit à propos de « Zoé de Cyan » :

– Eh bien ! je ne lui confierais pas ma mère !

1)	s'entourer : *réunir autour de soi.*
2)	une chevelure : *ensemble des cheveux.*
3)	un lion, une lionne : *grand carnivore au pelage fauve qui vit en Afrique et en Asie.*
4)	un désordre : *absence d'ordre, fouillis, pagaille.*
5)	encombré : *où il y a de l'encombrement, beaucoup de choses accumulées.*
6)	un(e) artiste peintre : *artiste qui peint des tableaux.*
7)	la misère : *grande pauvreté.*
8)	un médecin légiste : *médecin chargé d'examiner le corps d'une personne décédée.*
9)	la gangrène : *maladie très grave qui fait pourrir la chair parce que le sang n'irrigue plus une partie du corps.*
10)	recueillir : *(ici) accueillir chez soi une personne dans le malheur.*

Chapitre 5

De retour au commissariat, l'inspecteur s'enferme[1] dans son bureau. Il veut rester seul et réfléchir. Sur sa table de travail, il y a le dossier de Magali Bernard :

<u>Magali Bernard</u> :
1960 : naissance. Son père est maçon[2], sa mère sans profession. Elle est l'aînée de sept frères et sœurs.
1978 : 18 ans. Elle se marie avec Pierre Establet, ouvrier du bâtiment. Le couple habite à La Ciotat, au 7 impasse des Retraités. Elle travaille comme serveuse dans le bar « Le Troquet », rue du Détour.
2010 : 50 ans. Elle change de travail et devient coursier[3] chez maître Ricotti, notaire à Marseille.
2011 : elle divorce de son mari.
2012 : elle vit dans différents grands hôtels de la Côte d'Azur. Elle se dit « artiste peintre » et se fait appeler Zoé de Cyan.
2013 jusqu'à aujourd'hui : elle vit à Saint Calmin dans une villa du quartier La Jacquemère.

Julien tourne les pages du dossier. Madame Bernard a mené une vie simple et monotone pendant très longtemps, durant trente-deux ans exactement. Puis les événements se sont précipités : elle a travaillé chez un notaire[4] pendant deux ans, ensuite, elle est devenue artiste peintre. Elle est restée dans le sud de la France. En lisant le rapport de police, l'inspecteur comprend que « la lionne » a longtemps été pauvre. Mais après son divorce, tout a changé.

Soudain, le téléphone sonne. C'est le commissaire Taillefer.

– Dulac ! Avant de rentrer chez vous, venez dans mon bureau, s'il vous plaît. Il est déjà tard, mais nous devons parler de votre enquête. L'avocat de madame de Mazac m'a appelé aujourd'hui. Il faut se débarrasser[5] de cette affaire : ces gens-là nous font perdre notre temps !

Le lieutenant de police entre dans le bureau de son supérieur. Le commissaire semble fatigué et énervé :

– Dulac, dit-il, cela fait deux jours que vous travaillez sur cette histoire. Je pense que vous devriez préparer votre rapport[6]. Il faut conclure et passer à quelque chose de plus sérieux.

Mais Julien pense à cette pauvre Géraldine de Labastut. Elle a fini sa vie dans un triste endroit. Elle était faible et âgée. À l'époque, elle n'avait personne pour la défendre ; à présent, il faut lui rendre justice.

– Excusez-moi, commissaire, mais je suis allé dans la maison où est morte madame de Labastut et...

– Très bien, très bien, Dulac. Donc, j'attends votre rapport pour demain soir.

Le jeune inspecteur parle plus fort : « Vous devriez me faire confiance et m'écouter ! »

Taillefer lui répond :

– Je veux bien vous écouter. Mais je suis fatigué et j'ai faim. Faisons-nous livrer une pizza.

– Je suis sérieux. L'affaire est grave. La plainte pour « vol et non-assistance à personne en danger » est peut-être justifiée, commissaire. Cette dame est morte dans une maison horrible, sous la dépendance d'une femme horrible. Je pense qu'elle a été maltraitée[7]. Sûrement volée[8]. Et peut-être tuée[9]. Et je veux le prouver[10] !

– J'espère que vous vous trompez, inspecteur. J'espère que

madame de Labastut a vécu tranquillement, jusqu'à la fin de sa vie, loin de sa famille, en dépensant toute sa fortune.

– Donnez-moi du temps.

– Je vous donne trois jours pour réunir les preuves si... si vous téléphonez pour nous commander deux pizzas géantes. Et n'oubliez pas de demander du piquant !

1) s'enfermer : *s'isoler dans un endroit clos.*
2) un maçon : *ouvrier qui fait des travaux de maçonnerie.*
3) un coursier : *personne dont le métier est de faire certaines courses pour une entreprise, qui va chercher et apporter des lettres, des paquets.*
4) un notaire : *personne dont le métier est de garantir devant la loi une vente, une succession, un accord entre les personnes.*
5) se débarrasser : *enlever ce qui gêne, ce qui encombre, embarrasse.*
6) un rapport : *compte-rendu plus ou moins officiel qui expose et explique comment quelque chose s'est passé ou doit se passer.*
7) maltraité(e) : *traité avec brutalité, à qui on a infligé de mauvais traitements.*
8) volé(e) : *dépossédé(e), dépouillé(e).*
9) tué(e) : *que l'on a fait mourir.*
10) prouver : *faire apparaître que quelque chose est vrai. Démontrer, établir.*

Chapitre 6

Le lendemain, les policiers Sommard et Béranger sont contents. Ils accompagnent[1] l'inspecteur Dulac sur la Côte d'Azur. Les trois hommes partent tôt et arrivent à Menton vers dix heures. Sur place, le brigadier Béranger sort de son mutisme[2] ordinaire :

– Cette enquête n'a pas que des inconvénients. Déjà, la propriété de madame de Mazac était magnifique. Et maintenant, nous voilà sur la Riviera ! À nous les grands hôtels !

Julien et l'agent Sommard sont un peu étonnés de cet enthousiasme soudain. Béranger continue :

– Savez-vous que la dénomination[3] « Côte d'Azur » n'est pas d'origine géographique mais littéraire ?

L'agent Béranger préférait quand son collègue se taisait. Mais il répond avec conviction : « Oui, on est à Menton, il fait beau, et ça fait du bien de prendre l'air. »

Dulac a décidé d'aller au Royal Melior, un palace impressionnant. Madame de Labastut y séjournait souvent. Et surtout, elle s'y est installée durant plusieurs mois, en 2012. Elle avait réservé une suite[4]. Une deuxième personne occupait cette suite : Zoé de Cyan, artiste peintre.

Le directeur de l'établissement les attend. Il les conduit dans un petit salon. L'inspecteur pourra faire ses interrogatoires[5] dans cet endroit confortable. Sommard garde la porte. Béranger est à l'intérieur avec Julien. Le jeune lieutenant de police remercie le directeur et lui pose quelques questions :

– Que savez-vous à propos de madame de Labastut ?

– Ce que tout le monde sait.

– C'est-à-dire ?

– Sa famille est connue. Elle avait une immense fortune. Elle vivait à l'hôtel. Plus jeune, elle venait avec son compagnon, monsieur Lacaze. Plus tard, elle venait seule.

– Toujours seule ?

– Toujours seule, sauf lors de son dernier séjour. Elle était avec une dame de compagnie[6].

– Que savez-vous de cette dame de compagnie ?

– Absolument rien.

– N'avez-vous rien remarqué de particulier à son sujet ?

– Elle se faisait appeler Zoé de Cyan. C'était son nom d'artiste. Ses papiers d'identité indiquaient un nom différent, Bertrand ou Bernard, quelque chose comme ça. Je pourrais retrouver l'information si vous le souhaitez.

L'inspecteur n'apprendra pas grand-chose du directeur. Les femmes de chambres[7] seront-elles plus bavardes[8] ?

La première personne que Julien interroge s'appelle Josiane Houssière. Elle faisait le ménage chaque jour dans la suite de mesdames de Labastut et de Cyan. La femme de chambre est timide. Julien la rassure :

– Asseyez-vous. Ne vous inquiétez pas. Nous faisons une enquête de routine[9]. Juste quelques vérifications. Vous faisiez la chambre de madame de Labastut, en 2012, quand cette dame est restée presque six mois ?

– Oui, monsieur.

– Parlez-moi de Géraldine de Labastut.

– Elle venait souvent au Royal Melior. En 2012, elle est restée longtemps. Elle ne sortait pas de sa chambre. Elle était accompagnée de Zoé de Cyan, une artiste.

– Pourquoi madame de Labastut ne sortait pas de sa chambre ?

Josiane est gênée. Elle répond : « Notre cliente a beaucoup changé durant ce séjour. Au fil des mois, elle a maigri. Elle ne sortait plus. Elle semblait triste. Elle semblait avoir peur. À la fin du séjour, ce n'était plus la même personne. »

– Vous a-t-elle parlé ? demande Julien.

– Un jour elle m'a dit : « Madame de Cyan me fait peur ».

L'inspecteur demande alors : « Et vous, que pensiez-vous de l'artiste peintre ? »

– Elle était sympathique, répond la femme de chambre. Elle était bavarde, elle était simple. Mais… comment dire… C'était une grande gueule[10].

1) accompagner : *partir avec quelqu'un pour être avec lui.*
2) le mutisme : *refus de parler.*
3) la dénomination : *appellation de quelque chose ; nom qui lui est donné.*
4) une suite : *appartement de plusieurs pièces, dans un hôtel de luxe.*
5) un interrogatoire : *suite des questions posées à quelqu'un.*
6) une dame de compagnie : *personne dont la fonction est spécialement de tenir compagnie à quelqu'un.*
7) une femme de chambre : *personne attachée au service particulier d'une personne ou des clients d'un hôtel.*
8) bavard(e) : *qui parle beaucoup.*
9) de routine : *courant, habituel.*
10) une grande gueule : *(familier) qui parle fort, crie, se vante avec une audace qui n'est souvent qu'apparente.*

Chapitre 7

Les témoignages[1] des femmes de chambres se ressemblent. Toutes les personnes qui connaissaient un peu madame de Labastut, l'ont vue changer en quelques mois.

L'une d'entre elles, la responsable de l'étage, Latifa Haddad, voulait intervenir et faire venir un médecin. Mais la vieille dame refusait absolument. Elle disait qu'elle n'avait pas faim. Elle disait qu'elle ne sortait pas parce qu'elle était fatiguée. Elle semblait avoir peur. Peut-être que la vieille dame n'avait plus toute sa tête[2] ?

Une autre personne, qui travaillait dans l'hôtel depuis des années, Hélène Marchand, avait demandé à madame de Labastut : « Vous aimiez sortir, avant. Vous descendiez au restaurant de l'hôtel. Vous profitiez[3] du bord de mer. Que se passe-t-il, maintenant ? Ça ne va pas ? » La cliente lui avait répondu : « Zoé ne veut pas que je sorte. Elle dit que je suis trop faible. Elle dit que je vais tomber. Elle m'interdit de sortir. Et aussi, elle m'interdit de manger. Elle dit que je vais avoir des problèmes digestifs[4]. » Hélène avait insisté : « Mais vous êtes libre ! » Alors la cliente avait répondu : « Non, elle va me gronder[5], j'ai peur. »

Le soir, Julien est pressé de rentrer au commissariat. Il veut ordonner une perquisition[6]. Il veut que la police visite en détail le domicile de l' « artiste peintre ». Elle a maltraité Géraldine de Labastut, les témoignages le confirment. Mais il faut des preuves[7] matérielles.

Julien se penche sur le dossier « Magali Bernard ». Il reste des questions en suspens : où cette femme, d'origine modeste, a-t-elle rencontré quelqu'un de la haute société ? Dans quelles circonstances ? Comment a-t-elle gagné sa confiance ? L'inspecteur n'en apprendra pas plus pour l'instant. Rester au commissariat ne sert à rien. À regret, Julien rentre chez lui.

Le lendemain, les policiers arrivent sans prévenir chez madame Bernard. Elle est très en colère mais elle ne dit rien. Elle se tient dans son salon, l'agent Sommard reste avec elle. Il parle tout seul, elle ne lui répond pas. Pendant ce temps, Dulac, aidé de Béranger et de quelques agents, procède à la perquisition. Ce n'est pas un travail facile car il y a beaucoup de désordre. Les policiers ne trouvent pas d'arme, pas de drogue, pas de poison, pas de chaîne, pas de corde, rien pour séquestrer[9] ni pour battre quelqu'un. Il y a juste des objets sans intérêt, une grande saleté et beaucoup de documents : des factures, des ordonnances médicales, des lettres, des papiers divers. Alors les policiers les prennent tous et les emportent dans des cartons. Ils seront analysés plus tard.

Au passage, Julien lit quelques documents. Certains sont à l'en-tête de l'étude de maître Simon Ricotti, notaire à Marseille. Il y en a beaucoup. Il y a aussi des lettres privées ; elles sont simplement signées : Simon. « La lionne » a travaillé un an chez lui. A-t-elle volé des documents officiels ? A-t-elle eu une liaison[10] avec son employeur ? La clef de l'énigme est peut-être là. Les grands changements dans la vie de madame Bernard datent de cette période : à partir de là, elle a divorcé, elle est devenue « artiste peintre » et a vécu dans les grands hôtels. Il faut rencontrer Simon Ricotti, sans tarder.

1)   un témoignage : *déclaration de ce qu'on a vu et entendu.*
2)   avoir toute sa tête : *jouir de toutes ses facultés intellectuelles, être lucide.*
3)   profiter : *tirer avantage.*
4)   un problème digestif : *problème de transformation, à l'intérieur de son appareil digestif, des aliments que l'on a mangés.*
5)   gronder : *réprimander (quelqu'un, un enfant), lui faire des reproches.*
6)   une perquisition : *fouille faite par la police.*
7)   une preuve : *ce qui prouve, ce qui montre qu'une chose est vraie.*
8)   une empreinte : *marque laissée en creux ou en relief, trace.*
9)   séquestrer : *maintenir quelqu'un enfermé sans en avoir le droit.*
10) une liaison : *relation amoureuse stable.*

Chapitre 8

L'étude[1] de maître Ricotti est située dans un bel immeuble, sur un boulevard du centre-ville. L'immeuble est ancien, en pierre de taille. On pousse la porte principale et l'on aperçoit une cour intérieure. On doit traverser la cour pour atteindre un second bâtiment. L'étude ne donne pas directement sur la circulation, l'endroit est très calme. Les pas de l'inspecteur résonnent sur les pavés. Julien doit ensuite monter un grand escalier. Au premier étage, un homme d'âge mûr[2] l'attend.

Le notaire accueille lui-même le lieutenant et le fait passer directement dans son bureau. Il ne souhaite peut-être pas que les secrétaires et les clercs[3] aperçoivent la police. La pièce est immense, avec un plafond très haut et décoré. Deux grandes fenêtres donnent sur la cour.

L'homme reste silencieux. Assis à son bureau, on dirait[4] un ministre. Il prend un air important et attend simplement que le policier l'interroge. Dulac n'aime pas ces manières : tout le monde est égal devant la loi. Alors il ne parle pas, lui non plus. Il pose simplement une photo sur le bureau du notaire. Maître Ricotti réagit enfin :

– Je crois que je connais cette personne.

– Vous croyez ? interroge Julien.

– Je ne suis pas très physionomiste. Et nous avons beaucoup d'employés.

– Il s'agit donc de l'une de vos employées. Que fait-elle ? Ou que faisait-elle ?

– Je ne sais pas. Je vous invite à vous rendre dans le bureau de notre comptable[5]. C'est en face. Lui, saura vous renseigner.

La politesse glaciale du notaire exaspère Julien. Alors, brusquement, l'inspecteur pose une lettre sur le bureau de Ricotti :

– Et cette écriture, c'est votre comptable qui la connaît ?

La lettre est signée « Simon », elle a été trouvée au domicile de madame Bernard.

Maître Ricotti ne bouge pas : « Cette lettre n'est pas de moi. »

Le jeune inspecteur se fait menaçant :

– Vous parlez à la police. Votre intérêt n'est pas de mentir.

– Et vous, vous parlez à l'un des notaires les plus importants de la deuxième ville de France. Mon jeune ami, réfléchissez avant de vous attaquer à moi. Connaître les patrimoines[6], les ventes, les successions[7] donne un certain pouvoir, croyez-moi. Surtout, dans une grande ville où certaines familles sont très puissantes. Et surtout, quand nous sommes amenés à légaliser[8] ce qui n'est pas très légal. Vous voyez ce que je veux dire.

Julien est stupéfait. Il n'a jamais rencontré quelqu'un d'aussi arrogant ! Mais il fait un effort sur lui-même pour ne pas montrer ses sentiments. Il réfléchit. Certaines familles sont très puissantes… familles puissantes… puissantes... comme les Labastut ? Bien sûr ! Nous sommes là où une simple employée a fait la connaissance d'une milliardaire qui vit dans les palaces ! Le jeune inspecteur essaie de ne pas sourire triomphalement. Il s'adresse froidement au notaire :

– Je veux bien que nous changions de sujet. Ne parlons plus de votre ancienne employée… Parlons de l'une de vos anciennes clientes.

– Je vous écoute, inspecteur.

– Parlons de madame de Vandière de Labastut.

À ces mots, le notaire sursaute mais il garde son air arrogant :

– Je suis tenu au secret professionnel. Vous m'en voyez désolé.

Alors l'inspecteur Dulac se lève, et dit : « Maître Ricotti, vous êtes un témoin[9] dans mon enquête, vous devez rester à la disposition de la police. Ne vous éloignez pas, restez dans le département jusqu'à nouvel ordre. »

1) une étude : *(ici) lieu où travaille un notaire.*
2) l'âge mûr : *âge adulte avancé.*
3) un clerc : *employé dans une étude de notaire.*
4) « on dirait » : *il ressemble (à).*
5) un comptable : *personne dont le métier est de tenir des comptes.*
6) un patrimoine : *ensemble des biens dont on hérite de ses parents.*
7) une succession : *transmission aux héritiers des biens appartenant à une personne qui vient de mourir.*
8) légaliser : *rendre conforme à la loi* / légal : *qui est conforme à la loi* / loi : *ensemble des règles établies par la société.*
9) un témoin : *personne qui certifie une chose, qui peut en témoigner.*

Chapitre 9

Où est passée la fortune de Géraldine de Labastut ? On n'a rien trouvé chez madame Bernard : aucun tableau de maître, aucun objet de valeur, pas d'argent liquide.

La nuit tombe, l'inspecteur Dulac est fatigué. Mais il a peu de temps pour son enquête, alors, après sa visite au notaire, il retourne au commissariat. Son chef est parti, les couloirs sont vides. Il y a seulement quelques agents de police pour assurer la permanence[1]. En entrant dans son bureau, Julien trouve les documents saisis[2] chez Magali Bernard. Ils sont déjà classés et annotés[3]; Béranger a bien travaillé.

Des éléments intéressants sont peut-être cachés dans cette grande quantité de papiers. Dulac espère trouver des documents de la banque, des relevés de comptes[4], des reçus, une trace quelconque des possessions[5] de la victime. De plus, Géraldine de Labastut a été prisonnière[6], laissée sans soin et maltraitée. Il y a peut-être des preuves d'achats suspects : tickets de caisse, factures, modes d'emploi. Et puis, il y a l'ensemble des lettres personnelles adressées à « la lionne ».

C'est donc un gros travail qui attend l'inspecteur ! Aussi, avant de commencer, Julien va dans la petite cuisine du commissariat. Il utilise la cafetière électrique, se prépare un café très fort et retourne dans son bureau. Il y reste toute la nuit, et revient de temps en temps dans la cuisine.

Le lendemain matin, le jeune lieutenant demande à parler au commissaire. Celui-ci vient vers lui :

– Que vous est-il arrivé, Dulac ? Ça ne va pas ? Vous voulez rentrer chez vous ? On appelle un médecin ?

– Commissaire, nous devons parler.

– Lieutenant, je vois bien que vous n'êtes pas dans un état normal. Rentrez chez vous et reposez-vous.

Les mains de Julien tremblent. Il explique : « J'ai juste bu vingt-quatre cafés. »

Alors, les deux hommes s'enferment dans le bureau du commissaire. Ils coupent le téléphone ; personne ne doit les déranger. L'affaire est sérieuse. Le lieutenant explique :

– Madame Bernard est une femme très désordonnée[7] mais, par chance, elle ne jette rien. Les relevés bancaires, les factures et les tickets de caisse racontent la vie de quelqu'un, bien mieux qu'un roman. Cette femme a mené une vie monotone jusqu'à l'âge de cinquante ans : elle est restée au même endroit, travaillait beaucoup et ne gagnait pas grand-chose.

– C'est le cas de beaucoup de gens.

– Oui, commissaire. Mais pour elle, tout a changé en 2010. Le patron du bar « Le Troquet » a vendu son établissement. Elle a dû trouver un autre emploi. Elle est rentrée comme coursier chez maître Ricotti.

– Ricotti, mais il est très connu !

– Oui, commissaire. Et surtout, Ricotti est le notaire des Labastut.

Taillefer est très intéressé. Il est presque amusé : « Laissez-moi deviner, dit-il, elle a couché[8] avec son patron ! »

– Commissaire !

– Désolé, Dulac. Mais cette affaire est pénible. Tous ces gens sont très antipathiques.

– La vie de madame Bernard a vite changé. De l'argent

liquide a été versé régulièrement sur son compte bancaire. Ensuite, elle a divorcé. Elle a prétendu qu'elle était artiste peintre et qu'elle s'appelait Zoé de Cyan. Elle a accompagné Géraldine de Labastut au Royal Melior, à Menton. Ensemble, elles y sont restées six mois. C'est là que la vieille dame s'est beaucoup affaiblie[9]. Ensuite, « la lionne » a installé sa victime chez elle. La pauvre femme est morte huit mois après, d'une maladie que l'on soigne très bien. La famille n'a pas été prévenue[10] du décès. Le corps a été incinéré.

– Magali Bernard a commis ces maltraitances pour voler la victime, conclut le commissaire. Où sont les tableaux de maîtres ? Et qui lui a fait des versements en liquide ? Son patron, maître Ricotti ?

1)   assurer la permanence : *être présent pour permettre à des bureaux de fonctionner sans interruption.*
2)   saisir : *(ici) prendre les biens d'une personne par acte de justice.*
3)   classé(e) et annoté(e) : *rangé dans un certain ordre et avec des indications sur les documents.*
4)   un relevé de compte : *document où sont relevées toutes les opérations bancaires d'une personne.*
5)   une possession : *chose possédée, qui appartient à quelqu'un.*
6)   prisonnier, prisonnière : *privé(e) de liberté.*
7)   désordonné(e) : *qui ne range pas ses affaires, qui manque d'ordre.*
8)   coucher : *(familier) avoir des relations sexuelles avec quelqu'un.*
9)   affaibli(e) : *qui est devenu faible, sans force.*
10) être prévenu(e) : *être averti, informé.*

Chapitre 10

Dans le bureau du commissaire, assis face à face, Taillefer et Dulac restent silencieux. L'enquête ne dépend plus du commissariat central. « La lionne », voleuse et meurtrière[1], c'était pour eux. Mais « le gros poisson [2]» Ricotti, c'est autre chose ! Le trafic[3] d'œuvres d'art, c'est la police judiciaire[4] qui s'en occupe. Dulac va devoir abandonner l'enquête. Des spécialistes continueront le travail.

Mais, le jeune inspecteur veut aller le plus loin possible : « Commissaire, avant de confier l'enquête à la police judiciaire, laissez-moi faire une confrontation de témoins[5]. »
Taillefer sourit :
– C'est un peu votre spécialité : vous avez l'art des confrontations ! Mais que pensez-vous apprendre de plus ?
– Commissaire, il y a quelqu'un dont je n'aimerais pas être le meilleur ami…

Dans l'après-midi, trois personnes, considérées comme témoins, sont réunies dans une salle du commissariat. Ces personnes risquent d'être assez violentes, aussi les agents Sommard et Béranger sont également présents. Le commissaire et le lieutenant de police Dulac dirigent la confrontation.
Au centre, la personne qui attire le plus l'attention est une grande femme blonde au regard dur. Sa chevelure n'est pas ordinaire, c'est une véritable crinière[6]. Elle semble très calme. À sa gauche, un homme d'âge mûr, très hautain,

paraît étranger à ce qui se passe autour de lui. À sa droite, un homme au visage rond, élégant dans un style un peu ancien, est visiblement nerveux.

Le commissaire Taillefer est très attentif. L'inspecteur Dulac prend la parole :

– Madame, messieurs, je vous ai réunis en tant que témoins dans l'Affaire Labastut. Suite au décès de Géraldine de Labastut, sa sœur, Suzanne de Mazac a porté plainte pour vol et non-assistance à personne en danger.

La « lionne » réagit immédiatement :

– Non-assistance à personne en danger ? Qu'est-ce que ça veut dire ? La vieille était chez moi ! Je m'occupais d'elle ! Elle est morte tranquillement !

L'inspecteur intervient :

– Je vous prie de rester calme. J'énonce les faits. Personne ne vous accuse.

Mais il est impossible de pacifier le fauve[7] :

– Personne ne nous accuse ? Et alors ! Qu'est-ce qu'on fait là ? Dans un commissariat ? Bien sûr qu'on est accusés ! Tous les trois !

Le jeune lieutenant de police hausse la voix :

– Vous parlerez quand on vous le demandera.

– Blanc bec[8] ! Gamin ! C'est toi qui va me dire quand je dois parler ?

La femme est folle furieuse. Elle devient de plus en plus violente dans ses paroles. Il n'y a rien à faire. Alors, Julien fait signe aux deux policiers. Sommard et Béranger font sortir Magali Bernard.

À présent, dans la pièce, il ne reste plus que deux témoins : le notaire Simon Ricotti et l'antiquaire Christian Hermier.

Ricotti, « le gros poisson », ne regarde personne. Il semble s'ennuyer et attendre la fin de l'entretien. Hermier, par contre, s'agite sur sa chaise. Il respire vite ; on voit des gouttes de sueur sur son front.

Dulac continue :

– Suite à cette plainte, nous avons constaté différentes choses : madame de Labastut a rencontré madame Bernard, surnommée Zoé de Cyan, et lui a accordé sa confiance. Elle a vécu six mois avec elle dans un grand hôtel. Durant cette période, la sœur de Suzanne de Mazac a considérablement changé. Elle est devenue l'ombre d'elle-même[9]. Puis elle est allée habiter chez madame Bernard et elle est morte. La cause de sa mort est une maladie que l'on soigne depuis longtemps. Aussi, Magali Bernard devra s'expliquer devant la Justice.

Le notaire regarde sa montre. Rien ne semble le concerner. Par contre, l'antiquaire est effrayé. Un grand silence s'installe. Julien s'adresse aux deux hommes :

– N'avez-vous rien à me dire ?

Maître Ricotti soupire. Christian Hermier dit :

– Pourquoi sommes-nous ici ? En tout cas, moi, j'ai déjà dit tout ce que je savais. Géraldine de Labastut était une amie. J'étais inquiet pour elle, mais je n'ai rien pu faire. Qu'est-ce qu'on me reproche[10] ?

1)   un meurtrier, une meurtrière : *personne qui tue volontairement une autre personne.*

2)   « un gros poisson » : *(ici, familier) un personnage important et une belle prise pour la police.*

3)   un trafic : *commerce interdit par la loi.*

4)   la police judiciaire : *police spécialisée sous l'autorité du procureur de la République.*

5)   une confrontation de témoin : *technique policière qui met en présence des personnes pour comparer ce qu'elles disent.*

6)   une crinière : *ensemble des poils qui poussent sur le cou de certains animaux, comme, par exemple, les lions.*

7)   un fauve : *une bête sauvage de grande taille, par exemple un lion ou un tigre.*

8)   un blanc bec : *(familier) jeune homme sans expérience et prétentieux.*

9) être l'ombre de soi-même : *avoir perdu sa force, avoir beaucoup maigri, ne plus être la même personne.*

10) reprocher qqch à qqn : *blâmer quelqu'un d'une chose dont on le considère coupable.*

Chapitre 11

L'inspecteur Dulac regarde fixement le marchand d'art :

– La police ne vous reproche rien, monsieur Hermier. Moi, je n'ai rien contre vous. D'ailleurs, nous avons des goûts communs. Tous deux, nous aimons la géographie.

L'antiquaire s'inquiète :

– Je ne vois pas ce que vous voulez dire… Je… De quoi parlez-vous ?

– Je parle des cartes géographiques anciennes qui sont dans votre boutique. Elles datent du XVIIème siècle. Ces cartes sont magnifiques, ce sont des œuvres d'art et des documents historiques. Elles ont une très grande valeur. Celui qui les a faites…

– Je les ai achetées, il y a longtemps. Et je les revendrai, c'est mon métier.

Alors le lieutenant de police explique : « Géraldine de Labastut vendait des objets d'art, hérités[1] de son père. Mais elle n'aurait jamais vendu ses cartes de géographie. Monsieur Hermier, vous avez certainement examiné la signature au bas de ces œuvres ? Vous connaissez ce géographe ? Ce géographe était Jean Labastut, devenu conseiller[2] du roi, et anobli[3] en 1668. »

Maintenant, l'inspecteur s'adresse à tous :

– Comment imaginer que Géraldine de Labastut ait vendu les œuvres de son ancêtre[4] ? Elle n'avait pas besoin d'argent, sa fortune était encore immense. Elle pouvait continuer à vivre dans les palaces, jusqu'à la fin de ses jours, sans vendre ces inestimables[5] souvenirs.

– Imaginez ce que vous voulez ! répond le marchand d'art. Vous ne pouvez pas m'accuser de vol ! J'ai prévenu madame de Mazac du décès de sa sœur ! Sans moi, il n'y aurait pas de plainte ! Sans moi, nous ne serions pas ici !

Alors Dulac regarde Hermier droit dans les yeux :

– Vous n'aviez pas intérêt à ce qu'une plainte soit déposée. À moins… À moins d'avoir très peur !

– Peur de quoi ? Peur de qui ? C'est vous qui me faites peur maintenant !

L'inspecteur ne lâche pas l'antiquaire :

– Ici, vous êtes en sécurité, Hermier. Ici, on peut vous accuser de vol. Mais, ici, personne ne peut vous tuer.

Soudain, maître Ricotti se lève. Il veut s'en aller : « Je n'ai rien à faire ici. Ma cliente a été volée par un marchand d'art, elle a été maltraitée par une femme méchante. J'en suis triste, mais je n'y peux rien. »

Les policiers se placent devant la porte, personne ne peut sortir. Julien reprend l'interrogatoire :

– Maitre Ricotti, restez avec nous. Nous avons quelques questions à vous poser.

Le notaire soupire et s'assoit de nouveau. L'inspecteur demande :

– Êtes-vous déjà allé au domicile de madame Bernard ?

– Non, pourquoi. C'était l'une de mes employées, rien de plus. Je n'avais rien à faire chez elle.

– C'est dommage pour vous ! Sa maison est très intéressante.

Maintenant, le notaire écoute attentivement. Julien poursuit :

– Madame Bernard garde tout. C'est presque une maladie : elle ne sait pas jeter. On apprend beaucoup en lisant ses factures, ses lettres personnelles, son journal intime[6], ...

Ricotti est mal à l'aise. Pour la première fois, il semble

inquiet.

Julien explique : « Madame Bernard a travaillé chez vous. Vous l'avez suffisamment connue pour savoir qu'elle était un peu folle, et surtout très méchante. Et vous saviez qu'elle ferait tout pour avoir de l'argent. C'est vous qui l'avez présentée à madame de Labastut. Sans vous, Magali Bernard n'aurait pas été capable de changer de vie. Vous avez tout imaginé. Vous lui avez fait beaucoup de promesses. Elle devait juste vous obéir. »

Un grand silence règne dans la salle. L'inspecteur reprend :

– Vous n'avez pas volé Géraldine de Labastut. Vous ne l'avez pas tuée. Quelqu'un l'a fait pour vous. Quelqu'un que vous avez très facilement manipulé[7].

Ricotti se tait, mais cette fois, il a l'air soucieux. Dulac continue :

– Mais un grain de sable[8] risquait de tout faire rater. Ce grain de sable, c'est Christian Hermier. Il n'était pas un véritable ami de la victime, mais il savait beaucoup de choses ! Il était gênant. »

L'antiquaire intervient : « Ricotti voulait me tuer ! Il l'aurait fait, il en était capable ! »

Julien fait taire le marchand d'art. Il conclut :

– Messieurs, à partir de maintenant, vous êtes en garde-à-vue[9]. L'enquête sera poursuivie par la Police Judiciaire qui établira les faits. Ce sera ensuite à la Justice[10] de faire son travail.

1) hérité(e) : *transmis par une personne qui vient de mourir.*
2) un conseiller, une conseillère : *personne qui donne des conseils, des avis, des recommandations.*
3) être anobli(e) : *recevoir un titre de noblesse.*
4) un ancêtre : *personne de la famille de quelqu'un qui vivait il y a très longtemps.*
5) inestimable : *de très grande valeur, très précieux.*
6) un journal intime : *cahier où l'on écrit régulièrement ce que*

l'on fait ou ce que l'on pense.

7) manipuler qqn : *influencer quelqu'un pour le faire agir et penser comme on veut.*

8) un grain de sable : *(ici) détail qui fait obstacle à un projet.*

9) une garde-à-vue : *mesure permettant à un officier de police de retenir une personne dans le cadre d'une enquête.*

10) la Justice : *ensemble des institutions qui sont chargées d'administrer la justice, d'appliquer la loi.*

Épilogue

Ce soir, dans le commissariat de Saint Calmin, on a de bonnes raisons de se réjouir. D'abord, une enquête difficile vient de se terminer. Ensuite, le gardien de la paix Gérard Béranger est promu[1] au grade[2] de brigadier-chef[3]. C'est donc une occasion d'écouter un discours du commissaire et de boire quelques coupes[4] de champagne.

Mais, dans la joie générale, un homme semble un peu contrarié[5]. C'est l'agent Sommard. Comme il ne peut contenir son mécontentement[6], il s'adresse à l'inspecteur Dulac :

– Je ne suis pas jaloux, inspecteur, mais… pourquoi Béranger ? Lui et moi, nous travaillons toujours ensemble.

– Béranger a fait un énorme travail dans cette affaire, c'est lui qui a mis de l'ordre dans les papiers de « la lionne ». Et puis… N'avez-vous pas remarqué quelque chose ? Béranger a un besoin urgent d'obtenir une augmentation[7] !

– Vous voulez dire… Son goût pour la côte d'Azur ? Les goûts de luxe ? Mais, inspecteur, le grade de brigadier-chef ne permet[8] pas une vie dans les palaces !

– Hum… Ni une vie, ni même une nuit. Mais… il pourra toujours y aller de temps en temps pour y prendre un petit café !

---

1) être promu : *être élevé à un grade supérieur, un poste plus important.*

2)   un grade : *rang dans une hiérarchie.*
3)   un brigadier-chef : *sous-officier dans la police ayant le grade immédiatement supérieur à celui de brigadier.*
4)   une coupe : *verre à pied, peu profond et très large.*
5)   être contrarié(e) : *être mécontent, ennuyé, fâché.*
6)   le mécontentement : *sentiment pénible d'être frustré de ce que l'on espérait ; insatisfaction.*
7)   une augmentation : *(ici) un salaire plus élevé.*
8)   permettre : *donner la possibilité.*

VOCABULAIRE THÉMATIQUE

Vous avez rencontré ces mots dans le texte.
Les reconnaissez-vous ?

La police, l'enquête

un lieutenant : *officier de police, ou militaire, dont le grade est juste au-dessous de capitaine.*

un commissariat : *bâtiment où sont installés les bureaux d'un commissaire de police.*

un commissaire : *officier de la police nationale qui s'occupe du maintien de l'ordre et de la sécurité et qui a sous ses ordres des inspecteurs et des agents de police.*

une enquête : *recherche de la vérité par l'écoute de témoins et la réunion d'informations et d'indices.*

un local, des locaux : *pièce, partie d'un bâtiment destiné à un usage particulier.*

un inspecteur : *fonctionnaire de police en civil qui travaille sous les ordres d'un commissaire.*

un agent : *(ici) policier ; (en général) personne employée par les services publiques ou par des entreprises.*

un brigadier : *policier ou militaire ayant le grade le moins élevé.*

la police judiciaire : *police spécialisée sous l'autorité du procureur de la République.*

une perquisition : *fouille faite par la police.*

une confrontation de témoin : *technique policière qui met en présence des personnes pour comparer ce qu'elles disent.*

un rapport : *compte-rendu plus ou moins officiel qui expose et explique comment quelque chose s'est passé ou doit se passer.*

un grade : *rang dans une hiérarchie.*

un brigadier-chef : *sous-officier dans la police ayant le grade immédiatement supérieur à celui de brigadier.*

une preuve : *ce qui prouve, ce qui montre qu'une chose est vraie.*

prouver : *faire apparaître que quelque chose est vrai. Démontrer, établir.*

une empreinte : *marque laissée en creux ou en relief, trace.*

un témoignage : *déclaration de ce qu'on a vu et entendu.*

un témoin : *personne qui certifie une chose, qui peut en témoigner.*

légaliser : *rendre conforme à la loi* / légal : *qui est conforme à la loi* / loi : *ensemble des règles établies par la société.*

saisir : *(ici) prendre les biens d'une personne par acte de justice.*

« un gros poisson » : *(ici, familier) un personnage important et une belle prise pour la police.*

une garde-à-vue : *mesure permettant à un officier de police de retenir une personne dans le cadre d'une enquête.*

la Justice : *ensemble des institutions qui sont chargées d'administrer la justice, d'appliquer la loi.*

un trafic : *commerce interdit par la loi.*

La mort et l'héritage, la maladie

un décès : *mort d'une personne.*

un(e) défunt(e) : *une personne morte.*

les obsèques : *cérémonie faite pour célébrer une personne qui vient de mourir.*

hériter : *recevoir un bien transmis par une personne qui vient de mourir.*

enterré : *déposé dans la terre, dans une sépulture, inhumé.*

incinéré : *détruit par le feu et réduit en cendres.*

une incinération : *action de réduire en cendres.*

veuf, veuve : *personne dont le mari ou la femme est mort.*

un médecin légiste : *médecin chargé d'examiner le corps d'une personne décédée.*

la gangrène : *maladie très grave qui fait pourrir la chair parce que le sang n'irrigue plus une partie du corps.*

tué(e) : *que l'on a fait mourir.*

un patrimoine : *ensemble des biens dont on hérite de ses parents.*

une succession : *transmission aux héritiers des biens appartenant à une personne qui vient de mourir.*

être l'ombre de soi-même : *avoir perdu sa force, avoir beaucoup maigri, ne plus être la même personne.*

Les métiers, le travail

un majordome : *maître d'hôtel ou intendant chez un riche*

particulier.

un(e) artiste peintre : *artiste qui peint des tableaux.*

un maçon : *ouvrier qui fait des travaux de maçonnerie.*

un notaire : *personne dont le métier est de garantir devant la loi une vente, une succession, un accord entre les personnes.*

un coursier : *personne dont le métier est de faire certaines courses pour une entreprise, qui va chercher et apporter des lettres, des paquets.*

une étude : *(ici) lieu où travaille un notaire.*

un comptable : *personne dont le métier est de tenir des comptes.*

un antiquaire : *marchand de meubles et d'objets anciens.*

un clerc : *employé dans une étude de notaire.*

un intermédiaire : *personne qui met en relation deux personnes ou deux groupes de personnes.*

assurer la permanence : *être présent pour permettre à des bureaux de fonctionner sans interruption.*

classé(e) et annoté(e) : *rangé dans un certain ordre et avec des indications sur les documents.*

un relevé de compte : *document où sont relevées toutes les opérations bancaires d'une personne.*

un conseiller, une conseillère : *personne qui donne des conseils, des avis, des recommandations.*

être promu : *être élevé à un grade supérieur, un poste plus important.*

une augmentation : *(ici) un salaire plus élevé.*

L'habitation, les lieux, les objets

un portail en fer forgé : *grande porte à l'entrée d'un jardin ou d'un parc, en métal travaillé avec art.*

orner : *embellir.*

chic : *élégant(e).*

un désordre : *absence d'ordre, fouillis, pagaille.*

encombré : *où il y a de l'encombrement, beaucoup de choses accumulées.*

un domicile : *lieu où l'on habite.*

une coupe : *verre à pied, peu profond et très large.*

un journal intime : *cahier où l'on écrit régulièrement ce que l'on fait ou ce que l'on pense.*

une possession : *chose possédée, qui appartient à quelqu'un.*

désordonné(e) : *qui ne range pas ses affaires, qui manque d'ordre.*

L'agression, la maltraitance, la maladie

la non-assistance à personne en danger : *ne pas porter secours à une personne qui risque de mourir.*

maltraité(e) : *traité avec brutalité, à qui on a infligé de mauvais traitements.*

volé(e) : *dépossédé(e), dépouillé(e).*

tué(e) : *que l'on a fait mourir.*

la misère : *grande pauvreté.*

séquestrer : *maintenir quelqu'un enfermé sans en avoir le droit.*

un problème digestif : *problème de transformation, à l'intérieur de son appareil digestif, des aliments que l'on a mangés.*

gronder : *réprimander (quelqu'un, un enfant), lui faire des reproches.*

affaibli(e) : *qui est devenu faible, sans force.*

prisonnier, prisonnière : *privé(e) de liberté.*

reprocher qqch à qqn : *blâmer quelqu'un d'une chose dont on le considère coupable.*

un meurtrier, une meurtrière : *personne qui tue volontairement une autre personne.*

manipuler qqn : *influencer quelqu'un pour le faire agir et penser comme on veut.*

un grain de sable : *(ici) détail qui fait obstacle à un projet.*

Les émotions, les humeurs, les capacités, l'aspect

gâté(e) : *comblé de cadeaux, d'attentions, de gentillesse.*

fâché(e) : *irrité, mécontent.*

effrayé(e) : *qui éprouve une grande peur.*

avoir toute sa tête : *jouir de toutes ses facultés intellectuelles, être lucide.*

exquis(e) : *très bon.*

inestimable : *de très grande valeur, très précieux.*

fort : *(ici) corpulent, gros.*

une chevelure : *ensemble des cheveux.*

l'âge mûr : *âge adulte avancé.*

un blanc bec : *(familier) jeune homme sans expérience et prétentieux.*

« on dirait » : *il ressemble (à).*

être contrarié(e) : *être mécontent, ennuyé, fâché.*

le mécontentement : *sentiment pénible d'être frustré de ce que l'on espérait ; insatisfaction.*

être prévenu(e) : *être averti, informé.*

Les déplacements, les actions

se rendre : *aller quelque part.*

s'entourer : *réunir autour de soi.*

s'enfermer : *s'isoler dans un endroit clos.*

se débarrasser : *enlever ce qui gêne, ce qui encombre, embarrasse.*

profiter : *tirer avantage.*

recueillir : *(ici) accueillir chez soi une personne dans le malheur.*

permettre : *donner la possibilité.*

Les animaux

un lion, une lionne : *grand carnivore au pelage fauve qui vit en Afrique et en Asie.*

une crinière : *ensemble des poils qui poussent sur le cou de certains animaux, comme, par exemple, les lions.*

un fauve : *une bête sauvage de grande taille, par exemple un lion ou un tigre.*

La famille, les unions

un tiers : *(ici) personne étrangère à un groupe, à une famille.*

une union libre : *union de deux personnes hors mariage.*

une liaison : *relation amoureuse stable.*

coucher : *(familier) avoir des relations sexuelles avec quelqu'un.*

être anobli(e) : *recevoir un titre de noblesse.*

un ancêtre : *personne de la famille de quelqu'un qui vivait il y a très longtemps.*